# Duro e Senza Vergogna

Riflessioni di un donnaiolo su durezza, sfrontatezza, linguaggio e molto altro.

# Duro e Senza Vergogna

John Danen

Published by Jonh Danen, 2023.

While every precaution has been taken in the preparation of this book, the publisher assumes no responsibility for errors or omissions, or for damages resulting from the use of the information contained herein.

DURO E SENZA VERGOGNA

**First edition. January 16, 2023.**

Copyright © 2023 John Danen.

ISBN: 979-8215318744

Written by John Danen.

# Sommario

# Contattatemi.

Se volete farmi delle domande, pormi dei dubbi o ricevere dei consigli sulla seduzione, offro questo servizio di seduction coach. Offro anche corsi. Potete contattarmi a questi link.

LINK AD ALTRI SITI:

John Danen Seduzione oscura - YouTube

TikTok di johndanen (@johndanen) | Guarda gli ultimi video di johndanen su TikTok

John Danen Seduzione oscura | Facebook

John Danen Seduzione oscura (@dark_seduction) - Foto e video di Instagram

# La mia missione nella vita.

Ho una missione, quella di trasmettere le mie conoscenze per aiutare gli uomini a vivere una bella vita, a rimorchiare le ragazze che gli piacciono e a divertirsi, per questo mi preparo e mi documento per rimorchiare le migliori ragazze che posso.

Non sono un super bell'uomo, non rimorchio facilmente una donna stupenda, devo darmi da fare per essere lì a lottare. Fallisco, vado in crisi, ho dei crolli, ma ho anche dei momenti gloriosi di potenza divina. Ecco perché conosco i pregi e i difetti della seduzione. Lavorare la notte, lavorare la rete, lavorare la testa, decennio dopo decennio combattere senza mai arrendersi.

Pensando sempre che il meglio deve ancora venire. Sempre fiduciosi, come dicono i portoghesi. Non ce l'ho gratis, sono solo un bravo ragazzo. Penso che questo possa motivarvi perché potete identificarvi con me.

Un ragazzo molto carino ha vita facile, vengono da lui e non impara molto, perché non combatte.

Ecco perché rivendico la figura del seduttore, perché ha molti più meriti e arriva quasi sempre molto più in alto.

# La sensazione peggiore.

C'è una sensazione molto spiacevole quando si esce a fare festa e ci si rende conto che le ragazze non ti guardano, che sei fuori dal mercato per qualsiasi motivo. Sentire che il proprio tempo è finito, che quelle ragazze carine sono lì, ma che non ci si vede capaci di rimorchiarle.

Questa sensazione deriva dall'abbandono e da un lungo periodo senza essere sul mercato. Se si esce tranquillamente senza essere consapevoli di chi si è, succederà. Questo provoca frustrazione e tristezza perché ci si vede incapaci. Questa sensazione è più dura di tutti gli sforzi che si devono fare per rimettere le cose a posto e avere successo.

Potreste sembrare vecchi, grassi o semplicemente timidi. Tutto questo ti schiaccia e ti fa sentire un uomo di merda.

Ma può essere ancora peggio e farvi sentire orribili se quelli con cui siete usciti ci provano con le belle ragazze. Si ride di loro e si presta loro molta attenzione, si riceve una risposta rapida e disinteressata, ci si sente inferiori.

Dovete vedere tutti i loro flirt dal vivo. Anche se è una cosa bassa da fare, vorresti che non flirtassero perché ti mortifica ancora di più. Siete estremamente invidiosi di quegli amici di successo e vorreste essere voi al loro posto. È la sensazione peggiore. Vedere come gli altri scopano e tu no.

Te ne vai prima e nessuno se ne preoccupa, torni a casa distrutto e ti prometti che non succederà più.

La notte è tremenda, le belle ragazze non hanno pietà. Sono governati dal principio della selezione naturale e sceglieranno sempre quello con gli atteggiamenti seduttivi più raffinati.

Queste sono le cose peggiori che vi possono capitare. Lo scenario peggiore.

Fortunatamente questo accade molto raramente e, se succede, ci si rimette sulla strada del successo, facendo tutto il necessario. Migliorare la fiducia in se stessi, il proprio fisico, la propria mentalità, la propria audacia, il proprio concetto di sé.

Perché questo sia un aneddoto, bisogna lavorare molto sulla testa e sul corpo. Una volta ristabiliti in modo ottimale i parametri, tornano la gioia, la fiducia, la sicurezza di sé e i trionfi.

Tutti coloro che sono così sono al di sotto del punto di fallimento, perché trovano così impossibile flirtare che non ci provano nemmeno.

Se mai dovesse succedere a voi, non preoccupatevi, impegnatevi a migliorare voi stessi e non lasciatevi invadere da idee disfattiste. Avete perso questa battaglia, ma la guerra continua.

Ora sapete che la cosa peggiore che vi può capitare non è di essere rifiutati, ma di lasciarvi trasportare dall'invidia e di essere così poco fiduciosi da non provarci nemmeno.

Non preoccuparti, non lascerò che ti succeda.

# Gladiatori nell'arena!

Non siate troppo sicuri di voi stessi, le ragazze non vengono per quello che avete raccolto prima. Quando scendi in campo sei nell'arena del circo, sei un gladiatore e ti uccideranno. L'unica cosa che può impedire loro di annientarvi è la vostra fiducia e la vostra determinazione al successo.

Quando scendete in campo, vedranno come siete in quel momento. Scelgono sempre il migliore in quel momento. È normale perdere ma sopravvivere.

Ci si rende conto che si deve godere di ciò che ci accade e non se ne fa un dramma. Prima si apprezzano i fallimenti, e questo ci sprona a lottare sempre più duramente.

E così, lottando duramente, una notte dopo l'altra, fallendo senza perdere il morale, una notte si riesce e poi un'altra e un'altra ancora e arriva il momento in cui si è forti, temuti e potenti. Diventate il vincitore. Il vincitore dei perdenti.

Chi vince a volte perde anche, si possono perdere diversi giorni, ma alla fine nel calcolo annuale sarete stati i migliori.

Questa è la selezione naturale. I forti prosperano e i deboli soccombono.

È molto difficile vincere, ma è più difficile non vincere.

Sei già un vincitore, ma continui a lottare e a combattere, e ti rendi conto che quello che prima pensavi fosse molto, è solo la base, vedi che ci sono altri come te, alcuni molto migliori. Siete saliti a un altro livello e ora siete solo un altro, uno dei deboli. Siete con i vincitori ma non vi accontentate, andate avanti, subite dure sconfitte ma non vi toccano più, sapete che dovete continuare a migliorarvi, a poco a poco, diventate insensibili al dolore, diventate forti, duri, spensierati, senza vergogna.

Si perde il rispetto per le ragazze, si vede che non sono altro che ragazze semplici e prevedibili che rispondono agli stimoli che vengono loro dati. Cominciate a preoccuparvi molto poco di compiacerli, di leccare i piedi, di essere sempre gentili, di essere il loro piccolo buffone.

Non le ammirate più, non siete più colpiti da una ragazza sexy, perché vedete i loro immensi difetti: superficialità, pretese, capricci, cattivo carattere, presunzione, e ne siete respinti.

Vedete che, a parte il sesso, spesso non offrono molto altro. Una sera ti capita una ragazza stupenda e ci vai a letto, ti piace ma ti aspettavi di più, poi vai a letto con un'altra ragazza che è molto peggio e vai in trance per il piacere che ti dà. Ci si rende conto che non si tratta solo del fisico.

Questa rivelazione svaluta ancora di più le ragazze sexy e vi spinge a trattarle con più scioltezza e sicurezza, perché sapete che non sono così tanto come a volte sembrano.

Dopo essere stati con molti di loro, cominciano a intralciarvi, perché diventano gelosi e accaparratori, prima i presuntuosi e poi chiunque non presti la dovuta obbedienza.

Si inizia a vedersi superiori, ci si rende conto di essere migliori di loro e non si regala più il prodotto, ma lo si dà a chi se lo guadagna. Diventi un bastardo, un uomo spietato che approfitterà di qualsiasi lacuna nella sua difesa per entrare nella sua zona intima e creare una fortissima tensione sessuale. Sfrutterete il vostro petto da maschio alfa per farle eccitare. Vi preoccuperete di divertire voi stessi, non loro. È così che si cambia e il mondo cambia.

Ora che siete spensierati, divertenti, cool e sicuri di voi, vengono sempre più spesso da voi.

Presto si finisce con gli amici, perché non si ha tempo per loro, inoltre sono tutti sopraffatti e non vogliono venire con te perché soffrono con i tuoi trionfi. Il giorno in cui non avrete nessuno con cui uscire, quel giorno, se siete già usciti molto e avete avuto successo, è il giorno in cui avete raggiunto un livello elevato, nessuno vuole più uscire con voi.

E dopo anni così, senza preoccuparsi di battere la concorrenza, ci si guarda intorno e non si vede nessuno al proprio posto. Quel giorno ti incoroni come il re, il fottuto padrone. Il maestro del cazzo.

Impareggiabile. Avete il vostro harem e guai a chi cerca di disturbarvi. Lo scacciate dal mercato raccogliendo quelli che cerca di fare. Lo schiacciate e continuate a regnare.

E si rimane lì fino a quando non si è troppo sicuri di sé e non ci si preoccupa.

Un gladiatore può diventare re.

Benvenuti a questo gioco.

# Il potere del gioco
# interiore.

Il flirt è al 99% un gioco interiore, nessuna tecnica, per quanto valida, funzionerà se non avete un gioco interiore corretto. Il gioco interiore è il motore che dà le prestazioni. Basta metterlo in un corpo per iniziare a funzionare.

Se la carrozzeria (il corpo) è scadente, rallenterà le prestazioni che saranno ridotte da una scarsa aerodinamica (grasso, magro o flaccido).

Se la carrozzeria è eccellente ma il motore è scarso, attirerà molta attenzione, ma non avrà grandi prestazioni.

Nella vita tutto è uguale, tutto si ripete. Nelle auto e negli uomini è la stessa cosa.

Basta alimentare bene il motore e montare una buona carrozzeria.

Solo per vincere contro altri grandi campioni è necessario avere un motore e una carrozzeria a punto. Per battere l'uomo medio non serve molto, perché loro vanno in giro con i motori sfasati, compiacendoli e servendoli. Alcuni di loro, dietro una buona facciata, offrono ben poco dopo di che, e li si prende.

Il motore biturbo a 16 valvole da 7,5 litri li fa salire tutti di giri.

Un motore da 1100 CV.

Oppure una 1000hp elettrica, anch'essa buona e più ecologica.

La vostra arma più grande è la vostra mente. Lei è il vostro motore, è ciò che vi rende seducenti.

Le donne non ascoltano quello che dici, non notano il tuo fisico se non è stupefacente, non amano il tuo viso, non amano i tuoi vestiti.

Le donne sono attratte dalle qualità seduttive che emanate dal vostro eccellente gioco interiore.

Queste qualità che emanano da voi assumono la forma di due cose:

- Linguaggio del corpo sicuro e attraente.
- Atteggiamento attraente.

# Liberazione.

La vita, al di fuori di ciò che la fa vivere, non è vita.
Tutti coloro che si sono stabiliti
che pensavano che il loro pensionamento fosse temporaneo
e alla fine è stato molto lungo.
Tutti coloro che si ricordano con nostalgia.
Quando vivevano potenti
Quando erano i migliori.
Quando facevano molto di più di quanto non facciano ora.
Tutti voi che cercate quel momento che non arriva mai.
Io vi dico.
Pensate che non sarà più la stessa cosa,
che sei vecchio, che non ne vale più la pena.
Sbagliato!
Un errore totale!
Terribile errore!
Errore annichilente!
Non vale la pena di andare avanti così.
Ora!
È il momento giusto.
Se ciò che si
che avete va bene
ma non entusiasma
Lascia perdere!
Tornare ad essere

te stesso.

Non è mai troppo tardi.

Vedo una luce

con lettere grandi e lucide che brillano

Posso indovinare a leggere una parola

Libertà!

Qual è il gioco interiore?

Nulla di più e nulla di meno di ciò che pensate di voi stessi. Questo è fondamentale e decisivo.

Un uomo che ha imparato alcune routine, alcuni piccoli giochi, alcuni apripista, e poi va a scalare velocemente senza essere attraente in se stesso, perché in se stesso non c'è nulla, non farà nulla.

Inoltre, queste tecniche in scatola non sono naturali e sembrano forzate e meccaniche. Sono un chiaro segno che si tratta di un vero principiante.

Se il seduttore non è buono solo all'esterno, ma anche all'interno, quello in cui crede, allora può avere successo.

Un aspetto fisico senza cervello è sufficiente a farle guardare da lontano, ma niente di più, poi nell'interazione si rendono conto che siete solo una facciata e nulla della vostra personalità le attrae. Puoi già essere con il corpo 10 che ti vedranno come quello che sei, un gañan, un bifolco, un pazzo, o qualsiasi altra cosa.

Non si può avere successo se si va al di sotto di loro nella testa, quando tutta la nostra interazione è diretta a un fine, che è quello di flirtare con loro senza emanare le nostre qualità attraenti.

Non emanano perché dentro di noi non ci vediamo così tanto, vediamo lei come migliore di noi, quindi perché dovrebbe voler andare con noi se siamo inferiori?

Tutto ciò che avete in testa è il gioco interiore. E si riflette totalmente nel nostro atteggiamento, nel nostro comportamento e nei nostri gesti.

Non possiamo fare gesti sicuri se non li abbiamo. Quindi, non importa quante ridicole stronzate si imparino, non funzionerà mai nulla, perché non c'è nessuna base, nessun concetto di sé all'interno. Per questo motivo falliranno migliaia e migliaia di volte e quel poco che otterranno sarà effimero e forzato. Ecco perché il concetto di sé è la cosa più importante di tutte.

Per svilupparlo bene c'è il libro "JD Absolute Seduction", non mi ripeterò qui.

# Linguaggio del corpo
# sicuro e attraente.

Quello che vedono da noi è il nostro linguaggio del corpo. Questo dirà loro tutto su di noi. È questo che li attrae o li respinge.

Saremo rilassati, calmi, sicuri di noi stessi, sempre tranquilli e in controllo della situazione.

Dal modo in cui vi muovete, dal vostro portamento, si sentono rilassati e a proprio agio con voi, perché le emozioni che provate dentro di voi si trasmettono e loro ne sono influenzati.

Quindi un uomo insicuro si avvicinerà con esitazione, non le guarderà negli occhi, abbasserà lo sguardo, tremerà un po', trasmetterà disagio e nervosismo e loro proveranno queste sensazioni che non sono piacevoli. Lo faranno uscire senza guardarlo.

No, non ci sarà una ragazza carina che avrà pietà di te se ti comporti così.

Ma se trasmettete calma, sicurezza e piacere di essere voi e di fare quello che fate, loro lo sentiranno, gli piacerà e vorranno di più, vorranno voi.

Ecco perché quello che abbiamo in testa è TUTTO.

Quali gesti possiamo fare per attirarli? Ricordate che non si può trasmettere il portamento se non lo si ha, né la fiducia in se stessi, né altro. Ecco perché è così importante praticare la visualizzazione e la mentalizzazione nella nostra testa.

Trasmettiamo il nostro fottuto potere quando facciamo queste cose in modo naturale e inconsapevole:

Sporgere il petto. Il petto è la cosa più importante. Rafforza la mascolinità, anche se siete un po' grassi, se avete un petto con pettorali muscolosi sarete percepiti come macho. Un macho un po' sciatto, ma comunque un macho. Dovete ottenere i pettorali. È il muscolo più importante.

Deve esserci molto più petto che vita.

Espandere. Distendetevi, non camminate mai in posizione china o arroccata, non sporgete il petto, non occupate molto spazio, è un segno di dominanza e di controllo.

Gestire di più con le mani, movimenti lenti che danno forza a ciò che si dice. Enfatizzare aggiunge forza a ciò che si dice, non è la stessa cosa dire che era molto grande senza aggiungere altro, piuttosto che farlo facendo un gesto con le mani allargandole verso l'esterno. Mano aperta che taglia il vento per enfatizzare un verbo. Abituatevi a parlare con le mani. Esercitatevi a trasmettere qualcosa a qualcuno senza dire nulla, parlando semplicemente con le mani. Vi aiuterà a rimorchiare anche quando non parlate la loro lingua, loro non parlano la vostra e voi non parlate inglese. Guardate gli italiani, gesticolano di più, comunicano meglio perché gesticolano molto. Non c'è bisogno di gesticolare quanto loro, o con la stessa velocità. Tutto ciò che facciamo deve essere sempre lento e calmo, lo stesso vale per i gesti delle mani.

Guardateli negli occhi e non abbassate mai lo sguardo. Siamo lì a dominare senza paura, anche sfidando se necessario.

Parlare in tono basso e ad alto volume.

Uno sguardo di potere con occhi socchiusi e un sorriso vincente. Questo avviene sorridendo con gli occhi leggermente chiusi. Mentre lo fate, mostrate fiducia e sicurezza. Sembra che lei sappia qualcosa che gli altri non sanno, che abbia qualcos'altro nascosto nel suo arsenale seduttivo. Tramites, sono il vincitore, ne sono consapevole.

Sguardo calmo che osserva le cose con lentezza, senza mai passare in rassegna tutto velocemente con movimenti nervosi e rapidi della testa come uno scoiattolo.

Sguardi complici e maliziosi alle ragazze. Come se li conosca e sappia qualcosa di loro. Potete farli prima di parlare con loro. Guardateli e sorridete e, se vi seguono, salutateli, se vi dicono "Ti conosco? Non siate timidi e, se avete intenzione di entrare direttamente, fate vedere che siete sicuri di voi stessi. Entrate in lei per curiosità, per divertimento, ma poi dovrà conquistare la vostra approvazione come donna adatta alle relazioni amorose. Nulla viene regalato. Il rapporto che lei intende è da superiore a inferiore, tu non le permetti di farlo e sotto un'apparenza formale di uguale a uguale, quello che trasmetti con il tuo linguaggio del corpo è: ti sto addosso, baby.

Cammina con un'andatura lunga e lenta, con il collo rigido, guarda tutto lentamente e muove poco la testa. Non girate la testa e se lo fate, giratela molto lentamente. Se si può tirare fuori il naso un po' come Trump, tanto meglio, e dire: "Mi piace, eccomi qui, sì signore!

Bisogna camminare in modo rigido, il corpo si muove ma la testa è sempre ferma.

Esporre aree vulnerabili come il petto o l'addome dimostra che non si teme alcuna aggressione e che si è sicuri di sé. Non avete nulla da temere perché siete il maschio alfa.

Toccante. Non c'è paura, ci si sente a proprio agio nel contatto. Questo, se fatto lentamente e bene, trasmette calore, fiducia e sicurezza. Piace anche perché noi esseri umani siamo esseri molto tattili. Un abbraccio a qualcuno che ci piace e che stimiamo è apprezzato, non è lo stesso dire qualcosa di carino che farlo toccando, l'unione e il legame che si forma è molto più grande. Toccando trasmettiamo: "Eccomi, sono reale, questo è il mio corpo". Una cosa è vedere il vostro braccio muscoloso e un'altra è sentirlo. Iniziate toccando la spalla, poi il braccio, la schiena, la mano... se arrivate alla vita va benissimo. Fatelo con molta delicatezza. Se lei si lascia afferrare, voi avete il controllo, vi percepite come potenti, la incanalate, venite qui, mettete la mano sulla sua schiena, andate lì, ancora una volta la accompagnate dolcemente e la guidate.

La stretta di mano è per gli sciocchi romantici, io non la faccio mai se non in caso di folla o se la zona è collinare e c'è il rischio di cadere.

Stringere la mano significa arrendersi, consegnarsi a lei e non è questo che vogliamo trasmettere. Non ci diamo mai per vinti. Portarla in un luogo molto affollato va bene e stringerle la mano, ma lo si fa come protezione a causa delle circostanze, non come un "mi piaci, stringiamoci la mano". Questa stretta di mano trasmette potere e protezione. Glielo date a goccia a goccia e non appena il momento passa lo punite e glielo togliete. Le è piaciuto e ne vorrà ancora. Lei trasmette che deve conquistarvi.

Chiunque si precipiti a tenerle la mano è un ragazzo mieloso, pesante, adulatore, bisognoso, che la infastidisce e a volte la infastidisce. L'adulazione è orribile. E lo vedo spesso: venite a tenergli la mano, venite a fargli i complimenti! Patetico.

L'adulazione funziona quando ciò che diciamo è in totale contrasto con la nostra realtà interiore. Se diciamo "ti amo, ti amo" in modo esagerato e allo stesso tempo sorridiamo alle altre ragazze, o le guardiamo, o semplicemente facciamo una faccia sfacciata, funzionerà. Un vero romantico, tranne che con una donna ridicola, ad esempio una che non ha mai baciato, una vergine romantica o simili, di regola fallirà.

Mettete di tanto in tanto la mano sul cuore per dare credibilità alla storia.

Aprire le mani verso l'esterno per la stessa cosa, per apparire franchi. Ho notato che molti di noi nella gilda del flirt lo fanno per apparire più sinceri, lo facciamo tutti senza mai parlarne. Se lo fate, siete a un livello elevato. Tutto questo, l'interazione con le ragazze, è una performance. Siamo attori e a volte modifichiamo l'immagine che diamo per raggiungere i nostri scopi. Stiamo raccontando qualcosa e per sottolinearlo facciamo questi gesti, che sia vero o falso. Non dobbiamo dimenticare che siamo attori e siamo bravi attori.

# Atteggiamento attraente.

Dobbiamo cercare un punto d'attacco e usare il nostro umorismo, un umorismo che la rende leggermente ridicola e la svaluta, ma tutto molto leggero. Invece di sentirsi una diva, si sentirà in imbarazzo perché avete scoperto qualche segreto su di lei. Questo deve essere fatto dopo aver guadagnato la sua fiducia, perché sarebbe un disastro e lei ci disprezzerebbe perché non ci fidiamo abbastanza di lei per dirle queste cose.

In generale, è necessario avere questi atteggiamenti:

- Creare comfort nell'interazione.

- Umorismo.

- Disinteresse iniziale nel flirtare con lei.

- Disinibizione e dire quello che ci sentiamo di dire, a volte la totale sincerità è positiva perché dimostriamo che non abbiamo paura di dire quello che pensiamo, soprattutto per quanto riguarda lei e voi e le vostre intenzioni, soprattutto se usate il metodo JD in stile diretto, o lo stile diretto.

- Fiducia in se stessi.

- Se necessario, la timidezza.

- Posizione di superiorità, ma con un atteggiamento gentile.

- La mascolinità.

Carisma. Avendo quel tocco affascinante e magico che la seducente canaglia possiede e trasmette soprattutto con lo sguardo.

Per emanare bene queste qualità e comportarsi come un campione è necessario avere in testa un ottimo concetto di sé. Pensate in grande a voi stessi e poi siate fantastici. Non è essere arroganti o prepotenti, quello è per i beta.

L'atteggiamento attraente è quello dell'uomo che ha tutto sotto controllo, che è felice di sé e della sua vita. Un ragazzo di buon umore, allegro e divertente, che fa sentire le persone speciali, che apprezza ed è apprezzato. È anche un uomo che si fa rispettare se gli si manca di rispetto.

Un uomo che ha abbondanza e si gode la vita. Un uomo che non vive dipendente dagli altri, né da cose esterne su cui non ha controllo, un uomo che vede il lato positivo delle cose. Le persone amano stare con lui perché si sentono a proprio agio, attratte dalla sua allegria e molto felici. È divertente, simpatico e si vede che ha molta esperienza di vita. Un ragazzo carismatico e cool.

Si esercita a raccontare storie divertenti, a valorizzare gli altri e a farli sentire importanti. Non c'è alleato migliore di chi aiuta e fa sentire importante.

Questo non vale totalmente per le ragazze, ma più che altro per i rapporti di amicizia, ma qualche volta con le ragazze con cui ci hai già provato se puoi farlo.

# Non senza il mio cazzo!

Molte volte quando una ragazza con cui ho confidenza e mi sento libero di essere me stesso, senza paura di spaventarla, cioè di essere una scopatrice che non ha alcun impegno con lei e sa chi ha, beh, quando questo accade, molte volte quando mi dice di fare qualcosa, andare a bere vino, al mare, a fare escursioni, o altro, le rispondo con una frase che mi piace molto dire.

-Non senza il mio cazzo!

Vale a dire, non osare lasciare il mio amato cazzo fuori dagli atti, il cazzo deve essere curato e coccolato da parte tua o non ci sarà nulla.

Si divertono e fanno quello che gli chiedo di fare.

Devono essere consapevoli che non siamo qui per fargli le coccole o tenergli le mani. Gli regaleremo un bel pomeriggio di risate e divertimento, ma dovranno pagare il prezzo, che è quello di includere il mio amato uccello come protagonista dello spettacolo.

Il gallo non crede nell'amore, nel romanticismo, nelle amicizie o in tutto questo, il gallo vuole fare festa. Il cazzo è vita.

Tutte le assurdità di comportarsi in modo decente sono un ruolo che svolgono perché non li vedono facili, la società non li vede come facili da scopare, ecco perché lo fanno. Ora, una volta tolto il corsetto, non chiedo ma pretendo un trattamento di favore per il mio uccello, e così dovreste fare anche voi.

Ogni mattina, quando mi sveglio con il cazzo duro e non ho una donna intorno a me che se ne prenda cura, mi incazzo e divento aggressivo per non poter scopare subito. Se una donna viene da me con qualche stronzata sul fatto di essere troppo rispettata, sta scontentando enormemente il mio cazzo e viene scartata o lasciata per ultima e sarà la peggio trattata di tutte. Il gallo esige, dovete capirlo bene. Se non si prendono cura del vostro cazzo, vi mancano di rispetto. Fatevi rispettare!

Si può concedere un po' di tempo ai nuovi, ma quelli attivi devono adeguarsi. Di tanto in tanto si può concedere loro un giorno libero, ma come ricompensa per aver fatto molto in precedenza. Se siete di fretta e non vi prestano attenzione, puniteli per questo o lasciateli.

Grida

Non senza il mio cazzo!

Viva il mio cazzo!

# L'aspetto negativo degli incontri online.

Devo avvertirvi di questo.

Non fidatevi, anche se siete il prescelto e avete concordato, ad esempio, di fare un viaggio insieme senza esservi visti, non solo lui/lei può tirarsi indietro, ma a volte lo fa senza comunicare di più.

Ne hanno diversi, molti ma molti, e anche se siete davvero il prescelto, ogni giorno potrebbe arrivare un altro che considerano migliore e cambiare totalmente le loro preferenze.

Ecco perché non appena lei è pronta, non possiamo far passare molto tempo per concretizzare l'incontro e il flirt.

Allora avremo un potere reale, perché voi siete già un corpo, un volto, un tatto e delle emozioni reali. Voi date loro sensazioni fisiche, loro sperimentano qualcosa di reale con voi, mentre il virtuale è una preferenza, un fumo che se non si concretizza in qualcosa di reale, svanisce.

È molto facile smettere di parlare con un profilo che non può fare nulla, basta bloccarlo e il gioco è fatto.

Il mondo di Internet è il più superficiale di tutti. Usatelo il meno possibile.

Perché ti accoglie anche e quando esci la sera non esci con la faccia da cane bastonato per dare il massimo, esci sicuro di te e se non rimorchi quella sera non succede niente perché pensi di avere le ragazze in rete. In questo modo si perdono le qualità seduttive, si entra di meno e si è demotivati a dover fare uno sforzo quando su internet a volte arrivano. In questo modo si esce dal gioco notturno, ci si sforza sempre meno e fino a quando non si raccoglierà più nulla su Internet non si tornerà più alla notte. Ci si sistema. Quindi è tutto, non usate troppo internet.

Se impiega molto tempo a rispondere, non invia foto o risponde in modo sgradevole perché interpreta a suo piacimento ciò che dite, è una donna cattiva e problematica; dovreste immediatamente smettere di parlarle. Vi risparmierete spiacevolezze, mancato rispetto degli accordi e recriminazioni.

Se cercate di sedurla, non farà altro che attaccare e sfogare la sua frustrazione su di voi.

Molti sono lì solo per sfogare la loro frustrazione esistenziale su uomini che percepiscono come pericolosi a causa della loro attrattiva. Grazie all'estrema emancipazione che sperimentano su internet, hanno a disposizione migliaia di orribili donne anziane, corrotte e viziate che pensano di essere imponenti e importanti, e trattano con disprezzo colui che percepiscono come un uomo macho e sicuro di sé. Un uomo che potrebbero associare a qualcuno che ha fatto loro del male. Sono lì per sfogare il loro malumore umiliando chiunque non gli renda omaggio.

Queste donne ti disprezzano e lo stesso giorno hanno 10 25enni che sbavano per scoparsele. L'intero mercato è impazzito e dall'enorme offerta di uomini bisognosi nascono questi atteggiamenti da stronzi assoluti.

# Gioco d'azzardo su Internet, giocare sporco.

Giocare per vincere su Internet è molto, molto importante: è pieno di donne insicure, interessate e immature, quindi giocheremo le carte a nostro favore.

Dovete essere disposti a fingere, a mentire e a tradire come fanno loro, perché qui, se fate i bravi, vi faranno perdere la testa.

Le ragazze vogliono un uomo

Bello

Ricco

Giovane

Attenti, attenti a quando dicono che questo significa che si vedono come il premio e che lui dovrebbe invitarli a tutto.

Affascinante e che riesce a sopportare il loro cattivo carattere.

Credono che esista qualcuno in grado di soddisfare tutte le loro fantasie.

Analizziamo i singoli aspetti.

Bello. Questo è relativo, quando raggiungono i 40 anni, chi ha i soldi inizia ad essere bello, non amano tanto gli atteggiamenti da maschio alfa e più quelli viscidi che gli prestano obbedienza e acconsentono a tutto.

Mettete una foto in cui siete belli, guardate la macchina fotografica e sorridete, nel caso in cui ci sia qualche donna non interessata che ancora valuta cosa sia un vero uomo.

Ricco, più ricco è meglio è, e generoso, ecco perché molti uomini escono con abiti firmati o auto costose per ottenere tutte queste donne gentili e altruiste che vengono da loro. Ci sono uomini di 60 anni che non hanno mai flirtato e ora che sono ricchi flirtano senza sosta, che cosa!

Non sono un gran bugiardo ma ho perso la fiducia nel trovare qualcosa di buono su internet, quindi se volete usare queste loro debolezze per i soldi, fate quello che volete, vantatevi e loro verranno, queste donne non meritano molto rispetto credo.

Il maschio alfa seduttivo, con tutte le sue qualità attraenti, sta perdendo molte posizioni su internet, ha preso il sopravvento sull'interesse e sulla stupidità. Sarebbe un buon momento per lasciarlo qui, ma noi vincitori non ci arrendiamo mai e riusciamo a prevalere superando tutte le difficoltà. Bisogna saper filtrare le donne buone e quelle cattive.

Giovane, dipende, se hai soldi sei giovane a 89 anni, ma se non li hai sei vecchio a 31 anni.

Attento e generoso. E ne approfittano.

In ogni caso, se volete flirtare su Internet, pregate prima, perché è una questione di intervento divino che appaia una donna bella, brava e affascinante. Forse a 20 anni ce ne sono molti così, ma a 50 sono quasi tutti interessati.

Parlate con loro, siate divertenti, inviate loro foto di luoghi in cui le portereste, o postate una foto di un bel ragazzo, e poi vi presentate. Diciamo che siete milionari, postate foto truccate di voi a Parigi, ai Caraibi, in hotel di lusso. Poi fingi il primo giorno, scopala se te lo permette e sparisci, avrai fatto una buona azione e avrai ottenuto qualcosa da quella marmaglia.

Se si sceglie la legalità, buona fortuna. Sono davvero favorevole a non flirtare mai con le persone interessate.

# Gioco online, giocando in modo corretto.

**P**ubblicate le vostre foto migliori, guardate la macchina fotografica sorridente, inserite decine di foto ogni giorno.

La prima frase deve essere spiritosa, chiedetele qualcosa dalle foto, fate domande aperte. Create intrigo e mistero per invogliarla a rispondervi.

Per esempio

-Ti dirò un segreto su di te da quello che vedo nella tua foto.

Per curiosità e per l'ego gonfiato dai complimenti ricevuti, vi risponderanno.

-Dimmi quale segreto.

Raccontatele tutto quello che vuole, senza essere troppo viscido, e lasciatela incuriosita e desiderosa di saperne di più.

Le dici che potrei dirti molto di più, ma per questo devo vederti di persona, così saprò molto di più su di te che non posso vedere qui nella foto.

Ditegli che siete fisiologi o psicologi o che siete esperti di psicologia.

Cadranno come mosche di fronte a questa provocazione.

La frase successiva, senza chiedere un numero di telefono o altro, è proporre un appuntamento in cui si danno due opzioni.

-Avete un vino o una birra? Per esempio.

Alle 8 al bar Pepe... OK?

Sarebbe velocissimo.

Esperimento interessante.

Essendo molto superficiale, si può mettere una foto di qualcuno di impressionante e abusare del potere che questo dà. Chiedete loro di andare in albergo a dormire con voi. Questo non vi aiuterà a flirtare, ma a osservare come si comportano. Molti di loro diranno di amarlo.

Se vogliamo consolidarlo un po' di più, allora parliamo di cose più normali in una certa misura, senza esagerare, bisogna essere diversi, spiritosi, originali e usare l'umorismo. Ricordate che non avete nulla e che se siete solo un'altra persona che racconta quello che dicono gli altri, non avrete alcun vantaggio. Leggete la loro mano, raccontate il loro futuro, mostrate loro luoghi fantastici e fate loro domande che implicano qualcosa di importante per loro. Se vi confessano qualche segreto o confidenza, vi sarete legati emotivamente a loro e saranno predisposti a vedervi.

Siate un mago, una cartomante, leggete il suo profilo e sorprendetela con le sue stesse attività e gusti. Falso o no.

In ogni profilo c'è scritto quali sono i suoi hobby, lì avete una vena da sfruttare per creare comfort e legame.

Se state procedendo lentamente con un piano strategico, non abbiate fretta di chiudere un appuntamento. Usate il mistero, l'intrigo e lasciate che vogliano sapere di più su di voi e su di loro.

Comunicate che siete sempre molto occupati con un lavoro che vi assorbe e non rispondete rapidamente. Dovrebbero apprezzare la fortuna di potervi incontrare.

Se ne avete diversi in programma, cancellate gli appuntamenti per finti impegni di lavoro e andate a vedere quello che vi entusiasma di più. Dovete essere o facili da vedere, grazie all'enorme interesse che avete generato molto rapidamente, o molto difficili da vedere.

Lasciate che vi vedano e che si sentano fortunati, ma non indugiate troppo, perché la loro grande richiesta può portare alla concorrenza.

In generale, affrettate il primo appuntamento perché è quello che vi darà il potere e poi, se potete, fatela soffrire un po'.

Non tutto è così egoistico e brutto come ho detto prima.

A volte è tutto facile e fantastico.

Individuate le donne cattive e non parlate con loro.

Se non facciamo questo filtro, Internet sarà orribile.

# Sessualizzare la conversazione.

Se c'è un buon legame, solo allora si può parlare di sesso. Questo è molto importante, in modo da riscaldarli. Se riescono a parlarne, allora sono interessati a farlo con voi. Potete e dovete parlarne, anzi, è molto necessario perché vi farà risparmiare tempo, il tempo che vi farebbero aspettare per fare sesso con loro.

Ma fatelo solo dopo aver costruito fiducia e buone vibrazioni, allora potremo essere noi stessi, e sviluppare l'affascinante, sfacciato, sfrontato furfante che la scoperà senza alcun travestimento.

Non dire loro che mi piacerebbe venire a letto con te, darlo per scontato, dire loro

-Ti scopero' fino a farti svenire, - fluisci, sii il vincitore.

Tutto questo farà sì che all'incontro iniziale, invece di andare a prendere un caffè e conoscervi, andranno già eccitati e pronti.

Vi eviterà di andare ad appuntamenti con persone dalla mentalità ristretta. Filtra ancora di più il mercato e ti lascia la roba buona, le ragazze arrapate, che apprezzano e scopano.

Non hai molto da perdere, accontenta te stesso e sii te stesso, un affascinante bastardo del cazzo.

# Segni che ci apprezzano su Internet.

Risponde ai messaggi velocemente e anche con punti esclamativi o emoticon.

Ci dà la possibilità di telefonare facilmente su Internet.

Ci manda dei messaggi.

Passa molto tempo a parlare con noi.

Ci parla ogni giorno.

Trova molto interessanti le cose che le raccontate.

È molto gentile.

Osa parlare di sesso con noi.

È disposta a incontrarsi di persona.

Ci dice cose che ci danno valore, come espressioni come "un uomo come te", che significa che ci vede diversi e superiori agli altri.

Riconosce persino che le piaci.

Ci manda foto nude.

Tutto questo ci dà fiducia e ci trasmette che siamo i prescelti.

# L'uomo della domanda.

Una volta, molti anni fa, ho visto un film in cui Goldie Hawn appariva con Mel Gibson, "Due piccioni con una fava", in questo film lei si lamentava che lui non era molto serio, che andava con le ragazze, diceva che ce n'era una più formale. Ha risposto.

- Non preferisce qualcuno di più richiesto?

Ho pensato che fosse divertente, ecco la chiave.

Perché le donne devono andare con uomini insipidi e noiosi che non piacciono a nessuna di loro o che non vogliono? C'è un motivo per cui c'è una maggiore richiesta di questi altri tipi freddi, affascinanti e indipendenti. Si lamentano, ma sono quelli che piacciono davvero.

I furfanti trionfano.

Anche la Principessa Leila scelse un furfante, un furfante contrabbandiere e non molto ben pagato, Han Solo.

Quando lui si avvicinò per baciarla, lei gli disse che era un mascalzone e lui ne approfittò per dirle che era un mascalzone.

-Ti piacciono le canaglie.

Grande!

Non ha chiesto, ha affermato! E l'altro era intimidito da tanta sicurezza.

L'ho visto da bambino in chissà quale film, credo fosse Il ritorno dello Jedi, e anche se non l'ho assimilato completamente, mi ha suscitato interesse e curiosità.

Cosa avrebbe avuto un furfante per piacere alla principessa, pensai, ma all'età di 10 anni capii subito che, sì, era preferito ad altri più belli e simpatici, proprio per la sua sfacciataggine.

Il furfante ha sempre battuto tutti e solo i grandi belli hanno tenuto il passo delle sue conquiste. Temporaneamente, perché non hanno lo spirito del furfante e si ritirano presto con un corteggiamento. Il furfante trionfa non solo qui, ma in tutta la galassia.

Se siete un furfante sfacciato, che si prende quello che pensa sia suo e suo è quasi tutto, sarete i migliori e flirterete più di tutti i bei fannulloni.

Essere un uomo richiesto.

# Il problema di non scopare con loro.

A volte ci sono problemi, nel mio caso il problema sono quelli che non ho scopato.

Anche se ho fatto tutto il possibile e ho fatto del mio meglio per scoparmele tutte, non c'era abbastanza tempo e se stavi con diverse di loro, non avevi intenzione di cedere il passo a donne di cattiva qualità quando ne avevi di buone.

Così un vicino di scala mi salutava e mi parlava fin dall'inizio, quando ho iniziato a vivere nell'edificio. Questa donna non mi dava il minimo titolo per volere qualcosa con lei, quindi è stata ignorata per decenni.

Era sposata con un uomo che non mi guardava molto bene, il fatto è che dopo 7 o 8 anni si è separata da quell'uomo e lui mi ha detto che voleva essere mio amico.

Gli ho detto

-Ma se mi hai sempre guardato dall'alto in basso, perché ora vuoi che siamo amici?

Mi ha risposto

-È perché mia moglie parlava sempre di quanto fossi sexy.

Ho riso, mi è dispiaciuto per quell'uomo e l'ho ammesso.

Passarono altri anni e l'uomo scomparve, ma chi rimase fu la sua ex moglie, questa volta con una forza rinnovata.

-Ciao vicino di casa.

Buongiorno!

Come stai?

È così ogni giorno.

Mi alzo alle 7 del mattino e lui è lì in strada ad aspettarmi, torno a casa alle 2 e anche lui è lì, tutto il giorno. Torno a casa alle 2 di notte e c'è anche lui, è sempre lì a salutarmi.

E ho pensato.

Il problema è che all'epoca non l'ho scopata e ora non riesco a liberarmi di lei.

Se l'avessi scopata in quel momento, non le avrei prestato la minima attenzione e lei se ne sarebbe andata, smettendo di parlarmi e di salutarmi per sempre.

Ecco perché, a volte, il problema è che non le hai scopate. È per questo che ora subisci le loro fottute molestie.

Se avessi saputo che sarebbe stato così per tutta la vita, l'avrei scopata per farmi lasciare in pace, anche se non mi piaceva, per carità, che rottura di scatole!

# Approfittate
# dell'opportunità.

Un furfante è un opportunista e non sprecherà mai un'opportunità, per quanto folle sia.

Così ho baciato il mio capo al lavoro, da cui dipendevano tutte le mie entrate, e non solo, l'ho anche scopata, per mesi.

Non rispettare nemmeno le amiche della tua ragazza e scopare anche con loro, provarci con le sorelle delle ragazze con cui stai, con le loro amiche, e se fosse stato appetitoso e possibile non avrei esitato a scoparmi le loro madri o le loro figlie, a seconda del momento della mia vita. Quando ero giovane le madri e quando ero più grande le figlie.

Un mascalzone è un bastardo egoista e infedele al massimo.

Ho persino baciato sconosciuti di notte, dopo essere uscita con fidanzate e persino fidanzate ufficiali.

Ogni volta che si presenta l'occasione, ti ribolle il sangue e fai di tutto per baciare quella ragazza che ti sorride e ti guarda, così lasci la fidanzata e vai a sbaciucchiarla. Mi hanno anche beccato mentre lo facevo.

E la cosa peggiore è che non si rimpiange nulla, beh sì, si rimpiange di aver perso una piccola opportunità. Il fatto è che non credo di essermi mai perso nessuno di importante, quando ho visto il vuoto mi sono buttato.

Una volta sono uscito con due ragazze, una che stava con me con lo scopo di formalizzarmi e diventare la mia ragazza, e l'altra era una sua amica, che era interessante e rientrava più nella mia mentalità. La ragazza che era con me andò a ordinare da bere e io rimasi solo con l'altra che, inconsciamente o meno, si avvicinò troppo a me. E quando viene mostrato il collo di un predatore, questo muore!

Così l'ho mangiata lì per lì, lei si è avvicinata e mi ha subito morso, e quando il mio ragazzo è tornato ha visto che ci stavamo baciando.

E non mi importava più di scopare con quella nuova ragazza. Così fedele, così formale.

Gli mancava quella ragazza e quella che avevo baciato e nemmeno a me importava troppo.

Il fatto è che devi essere audace e sarai sorpreso dalle cose che ti lasceranno fare, quindi ti chiederai: sono stato stupido per tutto il tempo in cui non sono stato così sfacciato? La risposta è: sì, lo siete stati.

Se ti comporti in modo normale ti trattano in modo normale, ma se diventi decisamente arrogante, presuntuoso fino al midollo, sfacciato, e vai in giro arrogante ma divertente, presuntuoso ma affascinante, sarai la merda, sarai enormemente attraente e ti lasceranno fare tutto quello che immagini e anche di più.

Una volta sono uscito con una mia ragazza e con persone di un corso che ho frequentato. C'era una ragazza che non era male. Entrambi sono entrati in un pub, la fidanzata e l'altro. La ragazza che stava parlando con l'altra è passata, poi io e quella nuova siamo entrate dopo di lei. Quando stavo per entrare le ho afferrato il culo e l'ho toccato con mia piena soddisfazione, la ragazza che non avevo baciato o fatto nulla, non ha fatto una piega o detto "Cosa stai facendo? No!

Si girò e disse.

-John, la tua ragazza è davanti a te", disse.

Ho risposto

- Non sa

Ho continuato a toccarlo e lei mi ha lasciato fare.

Mi ha sorpreso che non abbia fatto storie, ma la gente non fa storie e soprattutto a causa della tua sfacciata attrattiva, quindi sopporta la tua sfacciataggine. Se vi rendete conto che le piacete, iniziate a comportarvi così e lei non solo si lascerà toccare, ma le piacerà.

Una volta erano in due a fare sesso e quando ho visto che lui non le toccava il culo sono andata a toccarlo, lei avrebbe potuto pensare che fosse lui. Era anche una mia ex che era molto cattiva, quindi le ho toccato il culo perché sapevo che anche se si fosse resa conto che non avrebbe fatto nulla dopo tutto quello che quella donna mi doveva, il che era super deludente. Sapeva che ero io perché mi aveva visto, e mi ha lasciato fare perché sapeva che se avessi detto qualcosa l'avrebbe affrontata senza paura e se lui l'avesse difesa, l'avrebbe preso a calci nel sedere. Quando si viene bistrattati, queste cose succedono.

Un'altra ha detto che non avrebbe limonato con me e io le ho messo una mano sul culo e gliel'ho detto.

-Beh, almeno fammi toccare il suo culo,

E mi ha lasciato fare.

Questo è stato visto dalle persone nel pub e un uomo si è avvicinato e mi ha detto che voleva venire con me e fare sesso, che era rimasto a bocca aperta.

Non perdete mai un'opportunità. Se vedete qualcosa che vi piace, lo scegliete,

In questo libro vi insegno le virtù della sfacciataggine, per questo vi dico che a volte è meglio dire la verità con totale sincerità, sfrontatezza e fascino.

Una volta ero con alcuni amici e ho visto un culo muoversi magnificamente, un culo molto ben fatto, non ho nemmeno visto il viso, né ne ho avuto bisogno. Stavo parlando del mantenimento della posizione (vedi seduzione 5.1) e ho detto: "La posizione sarà mantenuta dalla madre puttana". Li ho lasciati e mi sono presentato

-Ciao, come ti chiami?

mi ha detto il nome e mi ha chiesto

-Perché siete venuti?

Ho risposto con sincerità e cattiveria

-Sono venuto per il tuo culo.

Lei rise, io l'abbracciai e in pochi minuti la baciai e poi la scopai per molti mesi.

La sincerità senza vergogna funziona.

Siate spudorati.

Cosa state aspettando? La vita passa, bisogna fare quello che si vuole proprio così. Non te ne frega niente di quello che dice la gente.

Un'altra volta sono uscito con il francese e la mia ragazza di allora,

Ero incasinato perché non ero riuscito a liberarmi della fidanzata, volevo uscire e flirtare con il ragazzo francese, avevo già abbastanza fidanzate.

In un pub, il ragazzo francese ha iniziato a flirtare con me e ho dovuto trattenermi per non poter agire.

Inoltre le ragazze mi guardavano, cosa impressionante perché il francese era molto più bello di me e loro andavano sempre da lui. Quella sera, a causa della preselezione per andare con la fidanzata, una ragazza molto sexy tra l'altro, mi guardavano.

Si è resa conto che ero arrabbiata per non andare a flirtare e mi ha detto

-Ti vedo Rocco (così mi ha chiamato dopo l'attore porno) che sei fottuto per non essere in grado di flirtare, mi aspetto di tutto.

E ha aggiunto

- Vai a flirtare che non mi interessa.

Le ho detto

-Lei si è fatta arrogante e mi ha detto: "Sì, vedi", sfidandomi a non andare, ma io, che sono un ribelle, ho pensato: "Lo scoprirai". Così sono andato.

Sono stato accolto come un eroe, mi hanno afferrato, mi hanno parlato, tutti si sono attaccati a me, un successo totale. Tanto che una di loro mi ha confessato che le piacevo. Le diedi un piccolo bacio sulla bocca e quando stavo per baciarla davvero, lì davanti alla fidanzata, lei mi separò e mi diede uno schiaffo che mandò completamente a monte il flirt. Quello che mi ha mandato in bestia non è stato il fatto che la ragazza si sia arrabbiata, ma che abbia mandato in bestia il mio pick up. Le dissi: "Non hai detto che dovrei flirtare, quindi lasciami flirtare".

Presto la lasciai perché volevo più flirtare che stare con lei.

# Essere spudorati.

Un furfante, anche se non sembra, non è cattivo, è una bella persona e unisce la sua sfacciata cattiveria a momenti di apprezzamento e valorizzazione degli altri. Potremmo dire che è buono ma molto, molto cattivo.

Non dobbiamo mai confondere l'essere sfrontati o duri con l'essere cattivi.

Anche se siamo egoisti, anche se siamo un po' manipolatori, un po' manipolatori, un po' narcisisti, anche se pensiamo di essere i migliori, in fondo siamo buoni e non facciamo mai cose cattive. Non facciamo nemmeno cose cattive a persone molto cattive, è meglio perdonare che vendicarsi. La vita stessa li ripagherà per il male che hanno fatto. È meglio non scendere al loro livello, fare il male e poi sentirsi in colpa.

Il furfante è un uomo buono che ottimizza le sue armi di seduzione e quindi ottiene risultati molto migliori degli altri.

Il furfante ha carisma e apprezza e loda i suoi amici, e persino flirta, se lo meritano. Non si aspetta molto da nessuno, ma non gli importa, sa che non sta facendo del male a nessuno e che sta facendo del bene, dando felicità e gioia.

Siete rozzi e maliziosi, ma non malvagi. Lavorate per i vostri interessi e cercate di ottenere ciò che volete attraverso il fascino e la furbizia. Li fate ridere e vedono chiaramente ciò che volete, cose che non nascondete affatto. A loro piacciono il vostro fascino e la vostra sincerità e quindi cedono alle vostre richieste con piacere e soddisfazione.

Vi siete guadagnati quello che avete e ve lo meritate.

# Entrare in una trance
# seducente.

A volte si entra in una sorta di trance, perché si diventa così consapevoli del proprio enorme potere. Ci credete totalmente e sentite un potere inarrestabile perché vi rendete conto di essere già così potenti. Questo dà un'enorme euforia.

Nel film "Face off" con John Travolta e il magnifico e per me miglior attore del mondo Nicolas Cage, possiamo vedere qualcosa di simile.

In esso le identità vengono cambiate e l'uno diventa l'altro, il poliziotto diventa il criminale e il criminale diventa il poliziotto.

C'è una scena in cui il poliziotto che era Travolta è nel corpo del delinquente Nicolas Cage e scoppia una rissa. Poi il poliziotto si rende conto che non è più lui ma l'altro e sente tutta la potenza del male del criminale. Comincia a picchiare un prigioniero e inizia a gridare

-Sì!

Sono Castor Troy!

Sì, sono Castor Troy!

Sono Castor Troy!

Sembra che a volte chieda se lo è, a volte lo dica con esitazione, a volte ne sia convinto. Quando sembra convinto è quando ha tutto il potere.

A volte è spaventato, a volte è euforico, insomma, ecco com'è la trance seduttiva.

L'intera scena è interpretata da Nicolas Cage.

Anche voi avete un Troy Beaver dentro di voi, su cui avete lavorato con il gioco interiore e la pratica incessante.

Un giorno diventerete consapevoli di questo nuovo sé che avete creato. Vi renderete conto del vostro potere, un potere che fa paura e che deve essere controllato.

# Bandire l'attaccamento.

C hi si dedica alla seduzione deve distaccarsi dalle ragazze con cui flirta, perché tutto è temporaneo ed effimero.

Sai che vanno e vengono, che a volte fai tutto perfetto e non viene fuori niente, che altre volte fai qualcosa di molto mediocre e funziona, che non puoi fidarti di nessuna di loro anche se te la scopi come un campione, che tutte hanno altre, che tutte mentono, che tutte hanno il triplo dell'esperienza che confessano. Che stanno giocando con voi, vi usano quando gli fa comodo, proprio come voi usate loro.

Ecco perché non si può provare nulla per nessuno di loro.

Vi preferiscono così, freddi e duri, piuttosto che romantici e attenti. Proietta la tua mascolinità e il tuo potere, fai il massimo dell'azione che puoi fare e sparisci da lei, probabilmente non ti ascolterà più, oppure ha semplicemente ottenuto ciò che voleva ed è sparita.

Non ci sono molte donne buone e amorevoli. Bisogna essere così per poter vivere bene in questo ambiente. Se vi comportate in modo freddo, duro e distaccato, sarete trattati bene, apprezzati e vi ripeteranno, se siete morbidi chiameranno qualcun altro più duro e migliore di voi.

Affrontate il problema.

# Fate in modo che vi ascoltino.

Al primo appuntamento, se si tratta di una ragazza che abbiamo contattato su internet, dobbiamo dosare un po' la nostra sfrontatezza se vediamo che è tranquilla. In questo modo raggiungeremo prima il comfort e, con la conversazione e il rapporto, una certa complicità. Non l'ho detto troppo prima, dovete ascoltarla, questo la farà sentire a suo agio e si scioglierà.

Ascoltarla ci farà capire com'è il suo mondo. Di solito non hanno molti viaggi e divertimenti, quindi ci parleranno del loro lavoro, dei loro figli, della loro famiglia o di ciò che è più importante per loro.

Ascoltandoli vi farete un'idea di come sono e potrete usarla a vostro vantaggio.

Una volta a proprio agio, alcuni di loro sono molto pesanti e continuano a parlare di cose legate al lavoro e di cose, o semplicemente di cose razionali, che per noi sono di poca o nessuna importanza, o di poca o nessuna utilità.

Una volta che l'abbiamo ascoltata a sufficienza, se vediamo che è ancora lì, la interrompiamo. Sta portando la conversazione a un punto soporifero e questo non ci piace e non ci soddisfa, quindi così come noi abbiamo ascoltato lei, ora lei ascolterà noi e noi le diremo cose che ci fanno piacere.

La fermiamo sul nascere dicendole: "Non mi chiedi niente?". Si renderà conto del suo egoismo e ascolterà.

È un pessimo segno quando non chiede nulla e non dobbiamo tollerarlo.

Una donna interessata a voi vuole sapere le cose e se non le vuole sapere, gliele diremo proprio come ha fatto lei.

O lo fai, o te ne vai, perché non sprechi il tuo tempo con una donna che non è interessata a te.

Qui ci facciamo rispettare. Le diciamo tutto quello che ci va di dirle, senza pensare se le piace o no. Se prima andava bene, possiamo cercare un argomento di interesse comune, il che sarebbe normale, ma in caso contrario le diremo tutto quello che ci va di dirle, senza preoccuparci di compiacerla o divertirla. Ci divertiamo. Inoltre, se ci divertiamo, saremo più simpatici e carismatici.

Dovrebbero ascoltare le nostre storie. Questo ci darà la nostra importanza e la renderà incuriosita e desiderosa di saperne di più, e noi saremo più preziosi per lei.

Fate in modo che vi ascoltino, anche voi avete cose importanti da raccontare e lei dovrebbe avere un atteggiamento di stima nei confronti della vostra storia, una storia che verrà raccontata con molta più energia, vitalità e dinamismo del suo noioso discorsetto.

In questo modo faremo piacere a noi stessi, ci sentiremo importanti e faremo in modo che anche lei ci apprezzi.

Non trascorrete mai l'incontro dicendo sì a tutto e lasciando che sia lei a prendere le redini dell'interazione.

Fate battute, aggiungete un po' di umorismo, prendetela in giro di tanto in tanto e se non vi piace quello che vi dice, fermatela e non ascoltatela più. Se non c'è feeling non c'è nulla, ci facciamo rispettare e ascoltiamo fino a stancarci, non stiamo sempre a ingoiare tutte le loro stronzate.

Dovete guidare e fare cose divertenti con lei, o almeno dirle, perché siete molto più bravi di lei. Siamo migliori e lo dimostriamo.

Queste donne chiacchierone sono dominanti, qui c'è un solo dominante, il maschio alfa, non lasciategli prendere tutta la ribalta.

Imponete il vostro discorso ed emanate la vostra magnifica visione della vita. Vendetevi come un uomo fantastico, simpatico e affascinante.

Queste donne chiacchierone si stupiscono, se le interrompete, che non stiate battendo le mani tutto il tempo. Quando vedono un ragazzo che si impone e non manda giù quello che lei non vuole mandare giù, le comunichiamo che siamo noi quelli dominanti, che dobbiamo piacerle, perché ci è già piaciuta abbastanza prima. Le piacerai di più che se tu fossi lì come uno stupido gentiluomo a ingoiare il suo cazzo di rotolo.

Il tutto con fascino e sicurezza.

Di fronte alle sue conversazioni sul lavoro potete usare la sessualità indiretta e farla ridere e sminuire ancora di più. Fate quello che vi viene fuori. Non sei lì per ottenere qualcosa, ma per divertirti. Più siete naturalmente fluidi e autentici, più potere mostrate.

Non abbiamo intenzione di fare nulla con lei e non ci sentiamo di usare lo stile diretto.

Non facciamo programmi con lei, né diciamo cose che lasciano intendere che vogliamo vederla. Stiamo giocando, valutando se è degna dei nostri magnifici servizi. È lei che deve collegarci.

# Parla da sé.

Infatti, ogni volta che parliamo con una ragazza o con chiunque altro, dobbiamo parlare con l'io. Vale a dire, comunicare ciò che pensiamo delle cose. Non dire mai che la gente dice, la gente dà la sua opinione, la società dà la sua opinione. Bisogna darsi coraggio e importanza, rischiare, essere sicuri di sé e dire. Ho un'opinione, penso, credo.

Che si veda che non avete paura di esprimere la vostra opinione, anzi, che vi piace farlo.

Abbiate il coraggio, le palle e la sicurezza di dire ciò che pensate con determinazione. Cercate anche di avere un buon giudizio, perché se mettete molto aplomb in un'affermazione che poi si rivela falsa, non farete altro che rendervi ridicoli.

Per questo motivo, per non sbagliare, dobbiamo sperimentare e rischiare di fare cose coraggiose da soli, in modo da sapere poi di cosa stiamo parlando. È lì che devi spingere i tuoi limiti e se lo fai male nessuno lo vedrà. Non sto parlando di flirt, ma di superare le paure e di crescita personale.

Una volta sono salito sul campanile di una chiesa abbandonata e in rovina. L'ho fatto per esplorare, per sperimentare. Adrenalina pura, beh, sono scivolato e quasi caduto dalla cima, sarei stato ucciso o gravemente ferito, in mezzo al nulla e nessuno mi avrebbe sentito. A cosa mi è servito? Molto. Vi siete già trovati in quella situazione e, nel caso in cui si ripeta, saprete come comportarvi meglio. Dà autostima e sicurezza.

# I monelli.

Tutti i figli di papà, quelli che fanno tutto e tutto va alla grande, sono ragazzi che, pur essendo belli, forti e alti, non sono veri uomini. Questo è molto evidente perché sono molto codardi. La loro vita è stata tutta incentrata sul comfort e hanno paura del confronto. Questi ragazzi sono stati intimiditi dai veri cattivi. Questo può sembrare un aspetto estraneo alla seduzione, ma è così. Questi uomini non sono macho, non hanno sofferto e non sono incazzati, frustrati e incasinati, come il ragazzaccio che viene trattato male a casa, che non viene capito, che viene umiliato e disprezzato. A causa di tutto questo, diventa duro e cattivo e non gliene frega niente di un confronto, perché non gliene frega niente di niente. La vita del cattivo è stata una merda e se gli succede qualcosa di brutto è sempre la stessa, non ha nulla da perdere, si sfoga persino nel confronto.

Chi ha molto da perdere ha paura, pensa alla moglie, ai figli, alla Porsche, alla villa e cede. Il cattivo non ha altro che la sua tempra interiore forgiata, come spiegherò più avanti.

Questo vero duro le intimidirà tutte e anche se non scoppia una rissa, il carattere dominante e ultra sicuro del cattivo emanerà una tale mascolinità da attrarre totalmente le ragazze. Se a questo aggiunge un carattere divertente e allegro, essendo in fondo un duro, beh, ecco, è uno schianto.

Ecco perché tutti i ragazzini che hanno belle macchine comprate dai loro padri e che ottengono ragazze perché sono belli o perché sono figli di qualcuno di importante, non sono e non possono essere dei duri.

Possono essere spudorati e senza vergogna, ma in modo rozzo e viziato, vantandosi dei loro beni e cose del genere.

Tutto ciò che ottengono sono donne stupide come loro e donne interessate. Ma è una cosa tranquilla, quando la vita dà loro una battuta d'arresto subiscono un tale colpo che o maturano e cambiano radicalmente, o semplicemente non lo superano.

Per essere un vero seduttore bisogna eliminare completamente questa vita facile. Sono falsi trionfi che non servono a costruire il vostro carattere, ma vi rendono sempre più viziati e deboli. Se sei un ragazzo infantile, otterrai donne superficiali, senza cervello e poco attraenti, per quanto belle possano essere.

Nelle difficoltà impariamo e miglioriamo, nella prosperità ci piace solo imparare poco.

Finti seduttori senza alcuna attrattiva, le ragazze vanno lì solo per approfittarne.

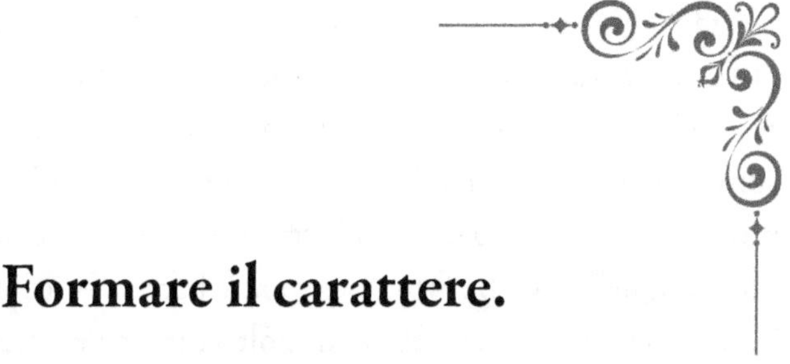

# Formare il carattere.

Quando la relazione con la mia prima ragazza è finita, ero triste e disincantato, ho flirtato molto ma nel profondo ero ferito e rammollito e questo è tutto ciò che ho ottenuto, solo baci e basta. Ero anche iperprotetto dai miei genitori. Per tutta la vita mi hanno reso un vigliacco, inculcandomi la paura di tutto. Tra questo e il fatto che la mia prima ragazza era come un'altra madre, gentile e buona, non ho sviluppato alcun carattere.

Ero un ragazzino tenero, innocente, buono, felice, candido, ecco cos'ero a 19 anni.

Ho tollerato gli abusi per paura del confronto. Questa debolezza di carattere mi ha ferito enormemente e non sarei arrivato da nessuna parte se non l'avessi corretta. Sarei sempre stato un bambino, un debole, un molle, un perdente totale.

Ora dopo questa prima ragazza non ero più così felice, non ero più tutto contento, avevo davvero sofferto per la prima volta nella mia vita, questo mi rendeva arrabbiato e frustrato, ma ero ancora un vigliacco a chiedere quello che volevo, cioè scopare con loro. Ho dovuto anche ribellarmi ai miei genitori che mi davano orari ridicoli, non mi davano soldi e mi negavano tutto ciò che desideravo. A causa di tutto questo, non avevo un posto dove andare e non avevo modo di dormire con loro.

La frustrazione cresceva, ma anche il desiderio di trovare un'altra brava ragazza.

Quello che mi è successo è stato orribile, ma alla lunga è stata la cosa migliore che mi sia mai capitata.

Ho conosciuto un'altra ragazza che era molto simpatica e che mi piaceva, e ho avuto la sfortuna di riuscire a uscire con lei.

Ma questa non era la prima fidanzata, era una ragazza molto complicata che mi ha fatto vivere una vita molto brutta. Aveva un problema: era incapace di mostrare sentimenti o di dire qualcosa di carino. Quello che ha fatto è stato fare battute, piccoli scherzi e metterti in difficoltà, ma lo ha fatto con molto carisma e grazia. Poiché all'inizio era così divertente e affascinante a causa della mia morbidezza, ho sopportato la situazione, ma la relazione è andata avanti e ho iniziato a capire che non era più piacevole e cominciava a essere molto sgradevole. Non erano scherzi, lo faceva per scoparti.

Ero lì con lei, passandole tutto, soffrendo come un imbecille, sopportando la sua maleducazione, arroganza e imbecillità.

A volte mi faceva aspettare più di due ore per vederla e quando arrivava parlava con tutti tranne che con me, poi tornava tutta contenta, ridendo di gioia nel vedermi incasinato. Mi portava sempre con la sua gente che la lodava e si rallegrava della sua infantilità. Nessuno mi sosteneva, si vedeva che li infastidivo, perché quella scimmia era quella che rendeva felici le loro serate con le sue sciocchezze, e da quando c'ero io non potevano divertirsi tanto, perché dovevo fare una specie di causa per me. Il minimo, ovviamente, e a volte nemmeno quello.

Mi sentivo sempre più abbandonata, sola, triste, arrabbiata, incompresa e frustrata.

Cominciai a confrontarmi con lei, a dirle cosa diavolo non andava in lei, e alla fine mi confessò che quella donna era squilibrata, che avevano cercato di violentarla e che ora si comportava così. Questo dopo un anno infernale di disprezzo, maleducazione e imbecillità che ho sopportato.

Sono stato uno stupido ad essere fedele, perché avevo ancora qualche rimorso per essere stato infedele alla mia prima ragazza, che era brava, ma molto, molto noiosa. Per questo mi sono affidato all'amore e ho promesso a me stesso che per questa donna avrei lottato e mi sarei sforzato di essere buono, di trovare l'amore. E io ero lì, con infinita gentilezza e pazienza, a sopportare questa donna squilibrata. Un giorno le dissi: "Ne ho abbastanza di te!". Ma queste lamentele derivavano dalla debolezza e dal bisogno e non avevano alcun effetto sul suo comportamento; al contrario, mi vedeva più debole e mi maltrattava di più.

Volevo un amore come quello della mia prima ragazza, ma qui, per come mi stavo comportando, non avrei ottenuto nulla di neanche lontanamente simile. Tutte le sofferenze che ho vissuto sono state la cosa migliore che mi sia capitata. Qui ho visto davvero la durezza della vita, ed è questo che mi ha dato il carattere, il brutto carattere e l'aggressività per non tollerare altri abusi.

Un giorno uno di loro ha cercato di baciarla davanti a me. Vedendola così sciocca e sprezzante nei miei confronti, si alzarono e io lo afferrai e lo spinsi via.

Un altro giorno un altro ancora, questo l'ho preso a testate.

Per pura debolezza stavo diventando violento, ma il problema non era chi voleva rimorchiarla, era lei che non aveva un cazzo di rispetto per me.

Mi resi davvero conto che essere ragionevole e gentile con lei, come ero stato per un anno, non mi avrebbe portato a nulla, a un fottuto anno di inferno a sopportare il suo disprezzo e la sua umiliazione. Mi ha visto incasinato e non ha mai ceduto.

Per finire, mi ha lasciato. Ero così umiliata e fottuta che non potevo accettare altro da nessuno, mai, mai! Mai più una stronzetta squilibrata mi avrebbe incasinato la vita e reso totalmente amara, tutto per non avermi fatto rispettare, per essere stata accondiscendente e buona.

Sono stato così disgustato da questa donna che sono cambiato completamente. Ora, a distanza di 27 anni, penso che avrei dovuto alzarmi il primo giorno e non soffrire e farla soffrire, ma ormai è fatta.

Poco dopo è tornata da me, l'ho ripresa senza illusioni, così triste e deluso che non mi importava di stare con lei o meno. Quello che trovò fu un uomo diverso, molto freddo, non era più un uomo, era un mostro che lei stessa aveva creato e che stava per rivoltarsi completamente contro di lei. Un mostro egocentrico, egoista, figlio di puttana, disprezzante, sadico e psicopatico che lei stessa aveva forgiato a fuoco lento colpo su colpo. "Joker. Un Joker come quello del film. Uno psicopatico nato dal dolore, dall'umiliazione e dalla sofferenza. Niente più pisciate in faccia.

Presto trovai una nuova illusione, non l'amore, no, Dio no! La mia grande illusione era di massacrarla completamente senza pietà alla prima cosa che non mi piaceva e lo feci.

La prima sera che sono uscito di nuovo con lei mi sono rifiutato di andare nella sua città di merda e ho preteso che venisse da sola nella mia città. È venuta ma con suo cugino che mi ha incastrato a tradimento.

Quella sera imparai a dire la parola più bella del mondo, quella che le ragazze viziate devono sentire spesso: no! Un no marmoreo, un no accompagnato da una vera indipendenza, da un totale disinteresse a vederla o a compiacerla. Un no che ancora si sente, un no che ha confermato che non era più lei a comandare... Un no che ha cambiato infinitamente in meglio la mia vita.

Quella sera uscì con me e mi portò la sua cugina di merda, una donna che era il suo difensore delle puttane e che non solo giustificava tutti gli abusi che mi faceva, ma mi accusava anche di essere insicuro, geloso, ecc. Un vero figlio di puttana che voleva farti credere che eri tu quello pazzo, che pensava che fosse giusto che lei parlasse e ascoltasse tutti tranne me, che vedeva la gelosia in ogni cosa. Che le andava bene essere afferrata e avvicinata fino a non sapere se veniva baciata o meno. Credo che una volta abbia persino baciato uno di loro davanti a me, e anche in quel caso si è rifiutata. Una donna terribile. La vita l'avrà messa al suo posto, come meritava.

Ebbene, io, che avevo già vissuto mille volte tutte le sue stronzate, non ne avrei tollerato nemmeno una minima parte. Così, appena ho visto che non stavano facendo quello che volevo, che ancora una volta avrei dovuto ingoiare cose che non mi andavano ma niente, come sopportare questo figlio di puttana che mi rendeva amara la serata, sono entrata in modalità cattiva, ho resistito per una decina di minuti cercando di divertirmi, ma non mi sono divertita. Avevano il mostro davanti a loro e non lo sapevano. All'improvviso mi sono accorto che stavo trovando insopportabile dover sopportare quello stronzo, e visto che non mi stavano piacendo, ho scopato e ho detto alla fidanzata davanti al cugino che me ne vado! Non voglio stare con questa donna.

Questo è stato il momento in cui la mia vita è cambiata per sempre.

Ho scopato e me ne sono andato senza ulteriori spiegazioni e lei è rimasta lì perplessa, scopata per la prima volta. Si rese conto che non stavo scherzando, che non aveva più alcun potere su di me, potere che le avevo dato per la mia gentilezza e la mia morbidezza. Fanculo! Se qualcuno se la fosse scopata, lo compatisco, perché non ha reso per niente.

La sera stessa, appena li ho lasciati, ero molto felice per quello che avevo fatto, per farmi rispettare. Mi sono sentita libera e ho recuperato la mia naturale felicità. Ho rimorchiato una ragazza in pochi minuti nel primo pub in cui sono entrato. Ero solo un tipo tosto, fantastico, e molto più bravo della mia ragazza.

Poteva essere lì e vedermi, ma non mi importava, se la perdevo, tanto meglio! Se la scopavano, che la scopassero e che la sopportassero. Non mi importava nulla di ciò che poteva accadere.

Cosa mi stava offrendo di nuovo? Pura merda, per avere un momento difficile, per sopportarla e soffrire inutilmente. Ero un ragazzo felice prima di lei ed ero diventato un ragazzo amaro. Perché avrei dovuto andare con lei? Per continuare a passare dei brutti momenti? Fanculo! Non andai mai più nella sua fottuta città di bifolchi e non vidi più nessuno dei suoi amici, e le feci sapere che se ne avesse portato qualcuno non mi avrebbe più visto.

A quel punto del 1996, alla fine dell'estate, ero quasi completamente libero dalla dipendenza emotiva. Questa debolezza tornava di tanto in tanto, ma era attenuata e faceva sempre meno danni.

Poco dopo ho terminato la mia laurea, che è costata Dio e aiuto, e da un presente nero sono passata a un mondo più felice e libero. Un nuovo presente lavorando e guadagnando denaro, che mi ha dato l'indipendenza e il potere di vivere come volevo all'età di 26 anni e mezzo.

A quel punto ho detto basta a tutte le stronzate! Ho sfidato, umiliato e abbandonato amici stronzi che non erano né amici né altro, ho persino baciato la ragazza di uno di loro. Non ho più tollerato alcun abuso e ho iniziato a vivere davvero.

La cosa più importante di tutte è rispettare se stessi.

Questa ragazza, che è rimasta con me perché lo voleva, non perché fossi interessato a lei, l'ho picchiata ferocemente e insistentemente, tradendola costantemente. L'ho disprezzata per davvero, non per le prove che ha fatto.

Poi si rese conto di ciò che aveva, un bravo ragazzo, un vero uomo.

Con tutti i problemi che mi aveva dato, con lo stress che mi aveva procurato all'inferno, avevo messo su quasi 20 chili e lei e i suoi amici di merda mi prendevano in giro.

Qualcun altro avrebbe potuto suicidarsi o fare qualche pazzia, se non l'avessi lasciata o se questo cambiamento fosse avvenuto, avrei potuto fare la stessa fine. Ma sono cambiato e ho vinto. E non ero più quel povero uomo che lei disprezzava e torturava. Questa è la vita che molte donne danno ai bravi uomini innamorati.

Ma ora, facendomi rispettare, valorizzando me stessa, mettendomi al primo posto, dicendo no, dicendo quello che mi sentivo di dire su di lei e sulla sua marmaglia ed essendo cattiva quanto mi sentivo di essere, tutto è andato bene, molto bene. Ho perso tutti i chili che avevo messo su, e anche di più, e sono diventato un uomo grande e bello. Ha iniziato a comportarsi molto meglio, ad ascoltarmi, a fare quello che volevo e poi mi ha dato l'amore, il cuore che le avevo tanto chiesto. Lo sputai e lo respinsi. Era troppo tardi.

Ha iniziato a sapere cosa significa soffrire, perché ho dato priorità a tutte le cose che mi facevano illudere con l'egoismo e ha iniziato a non sapere dove fossi, nemmeno in quale città. Sapeva cosa si provava a essere ignorati, a non essere chiamati, a non rispondere al telefono, a essere lasciati a piedi e a non realizzare ciò che le avevo detto. Ho iniziato ad avere diverse fidanzate nello stesso periodo, e lei ha iniziato a sentirsi come mi faceva sentire lei, una persona che dava fastidio, che era d'intralcio, una fidanzata di merda.

Dato che si comportava bene, finalmente mi sono divertito con lei e non erano tutte queste cose, è successo un sacco di volte e siamo riusciti a stare bene. È successo che ho perso tutta la mia infatuazione e sono stato infinitamente più duro. Se faceva cose che non mi piacevano, mi difendevo con queste nuove tecniche di ignorarla completamente, la scopavo e me ne andavo. Se persisteva, la lasciavo in pace o non uscivo con lei. Quello che ho fatto di più come cosa negativa, che in realtà non era nemmeno negativa, è stato metterla al suo posto e farmi rispettare, essere duro e non bisognoso e tradirla a piacimento come probabilmente faceva lei all'inizio. Mi sono difeso così bene che tutto è andato liscio. Lei era sempre più sexy e io nascondevo a stento le mie infinite infedeltà. L'ho lasciata diverse volte e l'ho messa all'ultimo posto nella mia lista di priorità. A volte non mi ricordavo nemmeno che esistesse.

Avevo sofferto così tanto che il bravo ragazzo simpatico e accondiscendente era morto del tutto e non riuscivo a smettere di difendermi se facevo qualcosa di spiacevole, avevo abbastanza rabbia da dare e ricevere. Né ho smesso di flirtare e flirtare. La mia durezza ha avuto la meglio su di me e le ho regalato 4 anni di freddezza, bugie e tradimenti infiniti.

Non c'è bisogno di arrabbiarsi come ho fatto io. Questo è stato un altro grande errore.

Mi sono anche ribellato all'imbecillità dei genitori e alle loro ridicole richieste di tornare presto a casa. Ho detto loro che stavo a casa di un tale e quale e che se non mi piaceva, non mi sarebbe piaciuto. Anche a casa sono diventato presuntuoso e provocatorio.

Un giorno mio padre mi chiese se conoscevo la fidanzata di Moncho, un ometto sciocco che vedevo come uno sciocco innocente, e io gli risposi.

-È meglio che non la conosca, perché perderebbe la sua ragazza.

Cazzo e così è stato! Una sera entrò, aggrappandosi a me come una patella, pronta a pomiciare con me davanti a lui. Quell'uomo non mi aveva fatto nulla e io non gli avevo dato il piacere di umiliare il suo povero ragazzo limonando con me per farlo soffrire, cosa che lui voleva, visto che si erano appena lasciati. Ho deciso quale puttana avrei frequentato e l'ho rifiutata, non mi ha usato. Non me ne fregava niente di lei.

E così, senza rimorsi o sensi di colpa, godendo delle mie azioni malvagie, passai da eroe gentile e stupido a cattivo, a Joker, uno psicopatico che non provava la minima pietà o rimorso nel tradire e far soffrire questa fidanzata, e nel trattare con assoluto distacco emotivo ogni donna che incrociava il mio fottuto cammino.

Ed è così che ho imparato a farmi rispettare. Questo mi ha aiutato a rimorchiare decine e poi centinaia di donne di cui spesso non mi importava nulla.

Per questo è necessario essere duri dentro, non basta essere spudorati per essere seducenti.

Rispondete moralmente, fatevi rispettare fin dal primo secondo e non tollerate mai nulla da nessun idiota.

Li hai messi al loro posto.

Non c'è bisogno di arrivare agli estremi a cui sono arrivato io, o di soffrire quello che ho sofferto io, o di fare così tanto male. Si tratta di errori di gioventù che dovreste evitare, basta non tollerare gli abusi e vi risparmierete anni di sofferenza.

Per aver sopportato così tanto, sto ancora vivendo con mostri che mi fanno pressione per uscire. Bestie che, quando escono, lo fanno in preda a una rabbia furiosa e vanno dritte a distruggere chiunque in qualsiasi modo. Oppure mi sfuggono e creano scompiglio.

# Regolazione della durezza.

Non c'è bisogno di essere in modalità distruttore, di difendersi sempre da tutto, è molto stancante e ci si dimentica di divertirsi perché si è così preoccupati di essere rispettati.

Bisogna divertirsi e divertire, è per questo che usciamo.

Ci rispettiamo, pensiamo di essere i migliori, li stimiamo poco perché per stimarli molto ci sono tutti gli altri, siamo macho e virili, cattivi, audaci e soprattutto divertenti.

Il vigilante jocker è lì solo per difendersi da attacchi estremi, e in dosi.

Se una donna ci manca di rispetto, ovviamente ci facciamo rispettare, non perché è una donna ha carta bianca per fare quello che vuole. Siamo su un piano di parità e se rimproverassimo un uomo lo guarderemmo dall'alto in basso o lo insulteremmo, faremmo lo stesso con una donna. Mancano molto di rispetto perché sono donne, vengono disprezzate e rimproverate, ma mai nessuna violenza, che è una cosa bassa da fare, nemmeno se ti aggrediscono fisicamente, poi te ne vai, chiamandola con gentilezza. Si può chiamare stupida con un sorriso se ci ha mancato di rispetto, proprio come si farebbe con un uomo. Questi incidenti accadono molto raramente, proprio come le risse con i ragazzi o i litigi con gli uomini. Dobbiamo essere preparati a tutto e così come ci sono gli stronzi ci sono anche le donne stronze e bisogna difendersi da loro.

Quelle donne meschine e sprezzanti, che ti guardano male, ti insultano o ti rimproverano; fai quello che le manda più in bestia.

Ne prendi uno davanti a loro, ridi e ti diverti con gli altri con un sorriso da Joker sul viso. Dimostrate di non essere influenzati da nulla e di divertirvi molto. Ballare, ridere a crepapelle, fare nuove esperienze. E ogni volta che ne prendi uno nuovo, anche dopo un po' di tempo, ti metti vicino a loro in modo che possano andare a farsi fottere e vederti avere successo.

I cattivi bastardi ottengono tutto, dispensano giustizia, le brave ragazze fanno ridere e si divertono, a quelle cattive non prestano attenzione, quelle che attaccano le mortifichi con la tua magnifica vita trasmessa davanti a loro. Presto andranno altrove.

Molti verranno a odiarvi ed è vostra responsabilità ogni sera punirli con i vostri successi, le vostre risate, la vostra gioia e la vostra sensazione di enorme potere. Anche questo è un grande trionfo da rispettare.

Molti di questi haters hanno una cotta per te.

Più criticano, più voi dovete schiacciarli con i vostri continui successi.

Dove fa più male, quel nuovo amico, quello che conoscono. Già, mortificarli di nuovo quando scopriranno che sei stata anche con quello.

# I fan.

Essere il vincitore, il fottuto padrone che controlla il mercato con pugno di ferro e guanti di seta, è una responsabilità enorme.

Ci saranno seguaci, ci saranno persino donne che verranno da te per conoscerti, alcune di loro mi hanno detto che sapevano chi ero e che non volevano avere a che fare con me perché sapevano già cosa facevo, ma che ero fantastico e ho fatto amicizia con un gruppo di 4 o 5, i fan. Se la notte era dura andavo in giro con loro, afferrandole tutte, e se mi lasciavano dare una toccatina o toccare il culo, andavo nei pub pronta a scandalizzare e scandalizzare ogni creatura vivente.

Eravamo d'accordo che quando mi vedevano dovevano correre urlando: "Aaaaaaaaahh Aaaaah è lui! è lui! per abbracciarmi".

È stato così per molte notti. Entravo nel pub e queste ragazze pazze e sexy mi correvano incontro: è lui, è lui! L'intero pub avrebbe guardato. Questi alleati mi presentavano a tutti i loro amici con cui lui ci provava con grande facilità in tutto lo spettacolo. Quando la gente lo vedeva, potete immaginare cosa pensava: "Cos'è questo?

Inoltre, ogni tanto mi vedevano con uno nuovo e mi davano il lotto. Ci sono state volte in cui sono stato coinvolto con quattro o cinque contemporaneamente e ho passato la notte a baciare qua e là diversi di loro.

Tutto questo potere deriva dall'essere divertente, un arrapato mentale, un uomo di partito sfrontato e divertente, un tipo che fa ridere la gente.

A soli 17 anni avevo già quel tipo di parlantina e di immaginazione per farli ridere e mi è venuta un'idea davvero buona.

Sono uscito con molte ragazze, circa sei o sette, anche loro fan, alleate che non si sono fatte coinvolgere, anche se ad alcune di loro potrei piacere, per non rompere il legame di risate e buone vibrazioni che avevamo. Ci hanno augurato buona fortuna quando siamo usciti e ci hanno detto "buona caccia". Se avevamo bisogno di loro, venivano a mettersi con noi in modo civettuolo per far sembrare che stessimo flirtando e darci importanza. Beh, un giorno sono uscito con molte ragazze da solo, è successo così.

Improvvisamente vidi che molti di loro erano davanti a me, altri intorno, altri ancora laggiù. Allora ho immaginato di essere un pastore con le capre, ho visto un lungo bastone, l'ho preso e ho attraversato così la zona dei pub con il mio gregge di donne che indicavano loro la strada, mancava solo il cane, stavano morendo dalle risate e anch'io.

Tutto questo è solo per divertimento e per ridere, non per denigrare nessuno di loro. Mi hanno preso per un genio e una volta sono andati a casa letteralmente pisciando dalle risate. Avevano 19 o 21 anni.

Questi alleati ci hanno detto che gli piacevamo e noi abbiamo allenato con loro le nostre tecniche di presa, le posizioni, le danze, ecc.

# Entrate e uscite.

Preoccupatevi meno di cosa fare per andare a prenderla.

Non pensate a cosa le piacerebbe, a cosa la farebbe ridere o a cosa la interesserebbe?

Se lo fate, finirete come una femminuccia a parlare di mascara e scarpe.

No, no.

Le ragazze non vogliono che tu parli loro di ciò che gli piace, a questo servono i gay che le capiscono.

Preoccupatevi di come essere voi stessi per piacervi.

Cosa vorresti dire a te stesso?

Cosa ti fa ridere?

Non preoccupatevi di fare le cose, ma di essere voi stessi. Essere attraenti, interessanti e accattivanti.

Un ragazzo che si avvicina a loro con sicurezza e calma, che si apre con naturalezza, che continua ad essere piacevole, divertente, scherzoso, un ragazzo spiritoso e simpatico che loro iniziano ad apprezzare, un ragazzo che è lì senza mangiarsi la testa, che si diverte e basta, che si diverte e che non è assolutamente preoccupato di conquistare nessuna ragazza. Li ha presi.

Smettete di concentrarvi su di loro, sull'esterno, sull'incontrollabile e concentratevi su di voi, sulla vostra interiorità, sui vostri pensieri, sul vostro concetto di sé.

Dipende tanto dal vostro io interiore quanto dalla realtà esterna.

Se portiamo il nostro io interiore all'optimum, modificheremo l'io esteriore in base ai nostri interessi.

Non date loro potere su di voi, non sono un premio, la vostra felicità non dipende dai successi o dai fallimenti, ma dal vostro concetto di sé. Se il vostro concetto di sé è corretto, il successo si materializzerà sempre. Poiché le ragazze non sono stupide, individuano subito chi piace e chi non piace. Se gli piace, lo vuole.

Non si tratta di ciò che si fa, ma di ciò che si è.

Non fare, sii te stesso.

# Segni che le piacciamo nell'interazione personale.

Se sono timidi ne faranno alcuni e se non lo sono ne faranno altri più sofisticati e con maggiore sicurezza e potere. Per le ragazze timide è molto facile notare il loro interesse nei nostri confronti a causa del loro nervosismo, quelle sofisticate ci apprezzano di più e si pavoneggiano mettendo in mostra il loro fisico e i loro attributi.

Segni:

- Si avvicina a noi.
- Ci guarda spesso.
- Ci tocca.
- Ci mostra i polsi.
- Si tira indietro i capelli.
- Si tocca i capelli.
- Accarezza un oggetto su e giù.
- Ci sale sopra.
- Si sporge il petto.
- Muove molto i fianchi.
- Ride molto di quello che diciamo.
- Risposte "perfetto" "ottimo" "grande" "grande".
- Sorride molto.
- Arrossisce.
- Abbassa lo sguardo imbarazzata.
- È nervosa.
- Guarda le nostre bocche.

- Parla molto vicino a noi.
- Ci strofina le tette.
- Lei dice "un uomo come te".
- Ci chiama.
- Interpreta la trovarobe.
- Ci chiede qualcosa.
- Ti guarda in faccia mentre parli.
- Cerca la vicinanza fisica.
- Ci sentiamo molto a nostro agio.
- Ci elogia.
- Ci guarda con la coda dell'occhio.
- Quando ci vede, fa un piccolo movimento all'indietro con la testa.
- Le sue pupille si dilatano.
- Spalanca gli occhi.
- Sottolinea le tette o il sedere con posture e gesti.
- Tira fuori la lingua dalle labbra.
- Si morde il labbro inferiore.
- Ci guarda timidamente.
- Ha un sorriso malizioso e nervoso.
- Ci prende spesso in giro.
- Gioca con la scarpa che le penzola dal piede.

In generale ci danno il segnale che vogliono conoscerci, e noi reagiamo a questi segnali e andiamo. Nel contesto della serata spesso non ci sono segnali e noi andiamo semplicemente a prenderli con le nostre armi di seduzione. La testa, il sorriso sfacciato, lo sguardo vincente, il divertimento, l'arguzia, la sicurezza e la mascolinità.

Se vediamo i segni, cresceremo e aumenteremo la nostra fiducia nella predazione totale.

# La fine.

Quello sfacciato, quello che si prende quello che vuole con le sue capacità, quello che si fa rispettare, quello affascinante ma duro, quello sfrontato che fa di tutto per scopare, quello è un uomo da invidiare e da proteggere.

La sua vita era una fottuta vergogna con fallimenti, umiliazioni e tutti i tipi di momenti orribili, ecco perché doveva cambiare e diventare un bastardo. E sta andando molto, molto meglio. È un uomo che ha molti sé, dal più tenero e adorabile allo psicopatico più intimidatorio, e li tira fuori a suo piacimento.

Il duro e lo sfrontato si prende sempre la sua parte, non la chiede, la prende. A volte prende le ragazze dagli altri. Non rispetta troppo le ragazze di nessuno. Le ragazze non hanno un padrone. Se ti guarda con insistenza che può essere sposata con San Dio è tua, questa è l'unica legge. La legge naturale.

Si tratta di pura selezione naturale. I deboli soccombono, i forti trionfano.

Le ragazze vogliono il vincitore.

Le ragazze vogliono scopare.

È per loro e anche per voi che acquisite le competenze e godete di ciò che la vita regala a chi crede in se stesso.

Le mie storie d'amore sessuale più torride e sconce sono contenute in un libro pseudonimo. Sessaggio di Julián Duro. C'è il vero hardcore spudorato raccontato e narrato e si può vedere tutta la "produzione" che ho fatto. È il mio libro migliore perché il mio vero lavoro è "le esperienze vissute".

Sono solo 1000 pagine... al momento.

In google è 700 e qualcosa perché sono pagine di formato diverso. È la stessa cosa ovunque.

Buona fortuna, amico mio.

Giochiamo!

# Don't miss out!

Visit the website below and you can sign up to receive emails whenever John Danen publishes a new book. There's no charge and no obligation.

https://books2read.com/r/B-A-FUKJ-ULOEC

Did you love *Duro e Senza Vergogna*? Then you should read *Il Metodo JD*[1] by John Danen!

Dopo molta pratica e molte letture sulla seduzione, ho voluto condividere il mio metodo di seduzione. Potrete utilizzarlo e raggiungere le centinaia di ragazze che ho sedotto.

---

1. https://books2read.com/u/31DXWn

2. https://books2read.com/u/31DXWn

# Also by John Danen

Seduction 5.0
S.A.X.
Chicas complicadas
Seducción 5.0
El libro del tonto
Macho Alpha
Macho alpha extracto
La seducción después de la pandemia
Terriblemente atractivo
Seducción 5.1
Sedução 5.1
How to be Cool and Attractive
Sedução. Avançada. X.
Garotas complicadas
¡Basta de ser buen chico! Sé un chico malo.
El método JD. El método de seducción de John Danen
El arte de agradarte a ti mismo
¡Basta ya de abusos! ¡Defiéndete!
Enought with the abuse! Defend yourself!
Máster en seducción
Las mujeres. El amor. Y el sexo.
Supera la dependencia emocional
Atrae mujeres con masculinidad
JD Absoluta seducción
El fracaso del amor

Entender a las mujeres
La vida del seductor sinvergüenza y encantador.
El arte de la dureza
Terrivelmente atraente
Deixe de ser um bom da fita! Seja um mauzão.
Superar a dependência emocional
A arte de se agradar
Pare o abuso! Defenda-se!
O fracasso do amor.
O método JD
Overcome Emotional Dependency
Stop Being a Good Boy! Be a Bad Boy
Complicated girls
The Art of Pleasing Yourself
Duro y Sinvergüenza
Mestre en sedução
JD Method
The Failure of Love. The Trap of Serious Relationships
Master in Seduction
A. S. X. Advanced. Seduction. X
Women. Love. Sex
Alpha Male
Attract Women with Masculinity
JD Absolut Sedución
Understanding Women
The Life of the Shameless and Charming Seducer.
The Art of Toughness
Tough and Shameless
Überwindung der Emotionalen Abhängigkeit
Maître en séduction
Schrecklich Attraktiv
Surmonter la Dépendance Émotionnelle
L'art de la dureté

Die Kunst der Zähigkeit

Hör auf, ein guter Junge zu sein, sei ein böser Junge

Assez D'être un Bon Garçon ! Sois un Mauvais Garçon.

Die Kunst, sich Selbst zu Gefallen

Dur et sans Vergogne

Hart im Nehmen und Schamlos

L'art de se Plaire à soi-Même

Das Scheitern der Liebe

L'échec de L'amour.

Meister der Verführung

Die JD-Methode

Maestro di Seduzione

Terriblement Attrayant

La Méthode JD

Capire le donne

Compreendendo as Mulheres

Comprendre les Femmes

Die Frauen Verstehen

Les Filles Compliquées

Komplizierte Mädchen

JD Séduction Absolue

La Vie du Séducteur Charmant et sans Vergogne

Les Femmes. L'amour. Et le Sexe.

Mâle Alpha

S.A.X.

V.F.X.

Donne. Amore. E il sesso.

Ragazze Complicate

Superare la Dipendenza Emotiva

Seduzione. Avanzata. X.

Dark Seducción

Il Fallimento Dell'amore.

Il Metodo JD

Alphamännchen

Atrair Mulheres com Masculinidade

Attirare le donne con la Mascolinità

Attirer les Femmes par la Masculinité

Mit Männlichkeit Frauen Anziehen

Frauen. Liebe. Und Sex.

L'arte di Piacere a se Stessi

Mulheres. Amor. E Sexo.

JD Seduzione Assoluta

Перестань быть хорошим мальчиком! Будь плохим мальчиком.

JD Absolute Verführung

JD Sedução Absoluta

Das Leben des charmanten, schamlosen Verführers

Smettila di Fare il Bravo Ragazzo! Essere un Cattivo Ragazzo.

La Vita del Seduttore Affascinante e Spudorato

A Vida do Sedutor Encantador e sem Vergonha

Macho Alfa

Uomo Alfa

Séduction 5.0

Verführung 5.0

Seduzione 5.0

Duro e Senza Vergogna

# About the Author

**Español.**

Soy un hombre vividor y divertido que busca el lado bueno de las cosas siempre.

Mi experiencia es el campo de las relaciones personales y de la seducción. Por eso tras dedicarme larguísimas décadas a ello, quiero trasmitir mis conocimientos. Para que las nuevas generaciones tengan unos conceptos que les den una ventaja competitiva sostenible y poderosa en el campo del amor.

Quiero ayudarte a a conseguir tus metas.

**Portugués.**

Sou um homem animado, e divertido, que sempre procura o lado bom das coisas.

Minha experiência está no campo das relações pessoais e da sedução. É por isso que, após décadas de dedicação a ela, quero transmitir meus conhecimentos.

Quero ajudá-los a alcançar seus objetivos.

**Inglés**

I am a lively and fun man, who always looks for the good side of things.

My experience is in the field of personal relationships and seduction. That is why, after decades of dedicating myself to it, I want to pass on my knowledge. So that the new generations have concepts that give them a sustainable and powerful competitive advantage in the field of love.

I want to help you achieve your goals

**Français** Je suis un homme vif et drôle qui cherche toujours le bon côté des choses.

Mon expérience se situe dans le domaine des relations personnelles et de la séduction. C'est pourquoi, après m'y être consacré pendant des décennies, je veux transmettre mes connaissances. Pour que les nouvelles générations disposent de concepts qui leur donnent un avantage concurrentiel durable et puissant dans le domaine de l'amour.

Je veux vous aider à atteindre vos objectifs.

www.ingramcontent.com/pod-product-compliance
Lightning Source LLC
Chambersburg PA
CBHW061333120726
48001CB00002B/835